Buch+

Der Kick zur Freundschaft

Texte zu den Themen
Wettkampf,
Freundschaft und mehr

Herausgegeben
von Ulrike Schuldes

Mildenberger

Bestell-Nr. 540-26 ISBN 978-3-619-05426-8

www.mildenberger-verlag.de
E-Mail: info@mildenberger-verlag.de

Auflage 4 3 2 1
Jahr 2022 2021 2020 2019

Bezugsmöglichkeiten
Alle Titel des Mildenberger Verlags erhalten Sie unter: www.mildenberger-verlag.de oder im Buchhandel. Jede Buchhandlung kann alle Titel direkt über den Mildenberger Verlag beziehen. Ausnahmen kann es bei Titeln mit Lösungen geben: Hinweise hierzu finden Sie in unserem aktuellen Gesamtprogramm.

Konzept und Lektorat: Ulrike Schuldes, 88212 Ravensburg
Lesetraining: Dr. Birgitta Reddig-Korn, Beate Weiß
Redaktion: Maxi Gade
Umschlag- und Innenillustrationen: Inge Voets, www.ingevoets.com
Grafik: Mildenberger Verlag GmbH

Druck: LENSING DRUCK GmbH & Co. KG, 44149 Dortmund
Gedruckt auf umweltfreundlichen Papieren.

Inhaltsverzeichnis

Der Kick zur Freundschaft von Olaf Büttner 5

Texte zu den Themen Wettkampf, Freundschaft und mehr

Cartoon: Hier könnte Ihre Werbung stehen 61

Am Ball: Sami Khedira 62

Die Gehälter im deutschen Profifußball 64

Karriereweg der U19-Spieler des FC Bayern München 66

Die besten Sprüche von Fußballspielern und Trainern 1 67

Fußballstars – ganz privat 68

Niklas' Traum vom Profisein 70

Wie wechselt ein Profi den Verein? 74

Cartoon: Ersatz-Banker 76

„Ich verdiene keine 10 Millionen Euro
im Jahr wie meine Kollegen“ 77

Die besten Sprüche von Fußballspielern
und Trainern 2 80

WM 1974: Deutschland gegen Deutschland 81

Kicken mit den Händen 82

So wird man Fußballtrainer! 84

Sportarten: Die Top Ten 86

Warum ist unser Trikot schwarz-weiß? 87

Quellenverzeichnis 88

Lesetraining 89

Olaf Büttner

Der Kick zur Freundschaft

Mit Bildern von Inge Voets

© Olaf Büttner

Olaf Büttner wurde in Wilhelmshaven geboren.
Er absolvierte eine Ausbildung zum Drehbuchautor an der Medienakademie Ludwigshafen. Sein Roman „Sommersturm" erhielt den DELIA-Literaturpreis. Sein Roman „Die letzte Party" war für den Hansjörg-Martin-Preis als bester Jugendkrimi nominiert. Neben seiner schriftstellerischen Tätigkeit arbeitet er als Sozialpädagoge.

1

Mein Name ist Ricky. Ich bin nicht besonders gut in Sport. Das war ich auch in der alten Schule nicht. Also, es geht so. Nicht ganz schlecht, aber auch nicht gut.
Die meisten Sachen beim Sport machen mir keinen Spaß. Bodenturnen oder Bockspringen. Richtig Spaß macht mir nur eins: Fußball spielen.
Letzten Monat sind wir umgezogen. Wir wohnen jetzt an der Nordsee. Mein Vater hat hier neue Arbeit gefunden. Er ist Ingenieur in einem großen Hafen.
In der alten Stadt war ich im Verein. Und in der Klassenmannschaft. Da war ich Kapitän. Ich bin Innenverteidiger wie Boateng. Immer hatte ich die Nummer 17 wie er. Auch in der Schule.

In der neuen Stadt hab ich noch keinen Verein. Ich will es erst mal in die Klassenmannschaft schaffen. Das ist gar nicht so einfach. Viele wollen das und viele sind super gut. Der Kapitän unserer Klassenmannschaft heißt Max. Der ist auch Innenverteidiger, genau wie ich. Bald ist das große Sommer-Turnier mit allen Schulen der Stadt. Unser Sportlehrer ist Herr König. Der ist nett und gibt uns viele Freiheiten. Er sagt, dass Max entscheiden soll, wer spielen darf und wer nicht.

Als wäre der nicht nur Kapitän, sondern auch Trainer. Das finde ich nicht so gut. Ich mag Max nicht besonders. Er ist ein Angeber. Und wie alle Angeber hat er immer eine Gruppe von Leuten um sich. Die reden ihm nach dem

Mund. Das sind fast nur Jungs, aber auch ein paar Mädchen. Wer nicht dazugehört, ist in der Klasse Außenseiter.

Kurzfassung

Ricky ist neu an der Schule. Er kann gut Fußball spielen und wäre gern in der Klassenmannschaft. Aber Max entscheidet, wer aufgestellt wird und wer nicht. Ricky kann Max nicht leiden. Max ist ein Angeber.

2

„Vor dem Turnier machen wir noch ein Testspiel gegen die Mannschaft der Gesamtschule“, sagt Herr König. „Da darf jeder mal ran. Danach entscheidet Max über die Aufstellung für das Turnier.“
Die Sportstunde ist zu Ende, wir gehen zurück zur Schule. Es ist sehr warm. Heute haben wir Weitsprung und Sprint geübt. Sprinten kann man gut für Fußball brauchen. Beim Kontern ist es wichtig, schnell zu sein.
„Warum entscheiden Sie das nicht selbst?“, fragt Hanna.

Sie ist das einzige Mädchen in der Mannschaft. Als ich letzte Woche neu war, hat sie mich als Erste angelächelt. Sie hat einen blonden Pferdeschwanz, der bei jedem Schritt auf und ab wippt.

„Ich finde es gut, wenn ihr das unter euch regelt", antwortet Herr König. „Ohne Erwachsene."

Er setzt seine Sonnenbrille ab. „Natürlich kann Max jederzeit zu mir kommen, wenn er nicht weiterweiß."

„Max ist sein Liebling", flüstert Konrad mir zu.

Er sitzt in der Klasse neben mir und ist ziemlich faul. Aber auch immer gut gelaunt. Ich sitze gern neben ihm.

„Beim Fußball guck ich lieber zu", sagt er grinsend. „Oder ich spiel FIFA am PC."

„Max bevorzugt seine Freunde", sagt Hanna zu Herrn König.

„Aber du bist doch gesetzt", antwortet er, „oder nicht?"

„Kein Wunder", sagt Konrad. „Es gibt nur einen Torwart, der besser ist als Hanna. Und das ist Manuel Neuer."

Alle lachen. Aber es stimmt: Von zehn Schüssen hält sie mindestens neun. Ich hätte nie gedacht, dass ein Mädchen so super halten kann. Sie hat null Angst vor dem Ball. Kein Junge ist so mutig wie sie.

Kurzfassung

Vor dem großen Turnier wird ein Testspiel stattfinden. Hanna, die Torhüterin, ärgert sich über Max. „Max bevorzugt seine Freunde“, sagt sie zu ihrem Sportlehrer Herrn König. Dabei ist sie selbst auf jeden Fall gesetzt. Es gibt kaum einen Torwart, der besser ist als Hanna.

3

„Paul spielt heute nicht", verkündet Max zehn Minuten vor dem Testspiel. „Dafür Ricky und ich." Wir sind alle schon auf dem Platz und kicken uns gegenseitig ein paar Bälle zu.
Paul ist auch Innenverteidiger und für das Turnier gesetzt. Er ist der Turm in der Abwehr. An ihm kommt keiner vorbei.
„Und warum spielt er nicht?", fragt Hanna überrascht. Sie trinkt einen letzten Schluck Wasser, bevor es losgeht. „Ich brauche ihn vor mir. Kein anderer ist Leon gewachsen."
Ich kenne Leon nicht, aber sein Ruf eilt ihm voraus. Er geht in die Gesamtschule, gegen die wir heute spielen. Letztes Jahr war er mit dreizehn Treffern Torschützenkönig. Und seine Mannschaft hat den Pokal gewonnen.
„Da waren wir alle nicht gut in Form." Hanna verzieht das Gesicht. „Aber dieses Testspiel müssen wir gewinnen."
„Ist doch nicht so wichtig", sagt Max. „Das Turnier zählt."

„Das ist mir egal“, erwidert Hanna sauer. „Ich will jedes Spiel gewinnen. Also, warum spielt Paul nicht mit?“
„Ich muss den Neuen testen.“
Max meint mich.
Hanna ist nicht zufrieden, aber das Spiel fängt gleich an.
„Genug gequatscht!“, ruft sie und rennt aufs Feld.
Max nimmt mich zur Seite.
„Der da drüben ist Leon.“ Er zeigt auf einen großen, dunkelhaarigen Jungen. „Alle nennen ihn Ronaldo. Obwohl er sich meistens verdribbelt.“
„Aber er war doch Torschützenkönig, oder?“, frage ich.
„Glück und schwache Gegner“, sagt Max. „Gegen uns mussten sie ja nicht ran.“
„Weil ihr früh ausgeschieden seid.“
„Das war Pech“, sagt er. „Viele Verletzte und so.“
Wir gehen auf dem Platz in die Aufstellung. Max und ich spielen nebeneinander. Zuerst gegen die Sonne, die grell vom Himmel knallt und uns blendet.

„Du nimmst Leon. Der kann nix. Vor allem keine Kopfbälle. Und mit dem Dribbeln schafft er es nie bis in den Strafraum. Ich knöpf mir den Blonden dahinten vor. Der ist echt gefährlich. Das muss ich selbst machen."

Kurzfassung

Beim Testspiel darf Ricky mitspielen. Max will sehen, ob er gegen Leon ankommt. Leon war letztes Jahr Torschützenkönig. Max gibt Ricky Tipps: Leon ist beim Kopfball schlecht und kann nicht dribbeln, sagt er.

4

Das Spiel ist aus. Wir haben 0:4 verloren.
Voll peinlich!
„Natürlich können wir dich nicht wieder aufstellen“, sagt Max zu mir. „Vor allem nicht für das Turnier. Vielleicht nächstes Jahr.“
Durchgeschwitzt und mit hängenden Köpfen trotten wir vom Platz. Die Sonne steht am Himmel wie eine fette Kugel Zitroneneis.
Ich sage lieber nichts. Drei Tore von Leon sagen schon genug. Ein Kopfballtor, ein Elfmeter.
Und dann hat er mich im Strafraum getunnelt.
Schlimmer geht es echt nicht.

Es ist so heiß, dass ich gleich nach dem Duschen schon wieder schwitze. Null zu vier! Und nur das vierte Tor hat der Gegenspieler von Max geschossen.
In der Kabine versucht Herr König, mir Mut zu machen.
„Manchmal warst du gar nicht so schlecht gegen Leon. Zweimal hast du ihm im Strafraum den Ball abgenommen. Aber am Ende war er einfach zu gut. Seine Kopfballstärke ist ja bekannt. Solltest du noch mal gegen ihn spielen, musst du besser aufpassen. Bei hohen Bällen muss man viel dichter an ihm dranbleiben."
Als ob ich das nicht selbst gemerkt hätte! Aber da war es schon zu spät. Max hat doch gesagt, bei Kopfbällen sei er ungefährlich.
„Ich hab ihn gewarnt", sagt Max nun zu Herrn König. Wir sitzen in der Umkleide auf den Bänken. „Aber Leon ist nicht leicht zu nehmen. Da muss man schon richtig gut sein."
Hanna macht ein wütendes Gesicht, bleibt aber stumm.
„Tut mir echt leid", sage ich zu ihr, als wir später zusammen zum Bus gehen.

„Vier Tore sind einfach zu viel“, antwortet sie sauer. „Du hast wirklich nicht gut aufgepasst gegen Leon. Den darfst du nie zum Kopfball kommen lassen. Das ist seine absolute Spezialität. Und wenn er dich im Strafraum tunnelt, hab ich einfach keine Chance.“
Wir steigen in den Bus. Hier ist es viel kühler als draußen. Soll ich Hanna erzählen, was Max vor dem Spiel zu mir gesagt hat? Aber das kommt mir vor, als würde ich petzen. Deshalb beiße ich mir auf die Lippen. Außerdem hab ich wirklich nicht gut gespielt. Noch nie hat mein Gegenspieler drei Tore geschossen. Noch nie!

„Ich war voll daneben“, sage ich. Wir sitzen nebeneinander im Bus.
„Leon ist richtig gut“, gibt Hanna zu. „Er will Profi werden. Ich hab noch keinen gesehen, der so irre spielt wie er.“
Ihre Worte sind wie eine Ohrfeige. Ich bin auch gut! Aber wie soll sie das glauben nach diesem Spiel? Die schräg durch das Fenster einfallende Sonne blendet mich.

Kurzfassung

Rickys Team hat 0:4 verloren. Leon hat ein Kopfballtor geschossen und Ricky beim Dribbling getunnelt. Herr König lobt Ricky. Er weiß, dass Leon nicht leicht zu nehmen ist. Hanna ist sauer. „Du hast nicht gut aufgepasst“, sagt sie zu Ricky. Dabei hat Max ihm vor dem Spiel falsche Tipps gegeben. Aber Ricky will nicht petzen.

5

Auf dem Bolzplatz treffe ich immer ein paar Leute in meinem Alter. Auch Hanna habe ich hier schon gesehen, aber heute ist sie nicht da. Sicher ist sie noch zu sehr gefrustet. Ich auch, aber genau deshalb muss ich Fußball spielen. Ich muss mir selbst zeigen, wie gut ich bin.

Wir stellen zwei Mannschaften zusammen. Eine mit vier, die andere mit fünf Spielern. Ich bin im größeren Team.

Konrad ist auch hier. Aber er isst lieber Eis als mitzuspielen. Der Kiosk neben dem Bolzplatz ist sein Lieblingsort. Als wir anfangen, ist er Schiedsrichter.

„Da kommt Leon!", ruft Paul.

„Wenn der bei den anderen mitspielt, haben wir keine Chance. Das ist fies."

„Fünf gegen fünf", sage ich. „Das ist nicht fies."

„Leon ist zu gut", meint er. „Du kennst ihn nicht."

„Und ob ich den kenne! Ich übernehm ihn."

„Moin", sagt Leon. Er zwinkert gegen die Sonne. Ich warte darauf, dass er was Fieses sagt. Wegen heute Vormittag. Aber es kommt nichts. Wir schauen uns nur etwas länger an.

„Spielen wir in einer Mannschaft?", fragt er mich.

„Nein. Wir haben schon Teams. Drüben fehlt noch einer."

Langsam trabt er auf die andere Seite. Los geht's! Konrad pfeift das Spiel an. Er hat sogar seine Trillerpfeife dabei.

Kurzfassung

Ricky spielt auf dem Bolzplatz mit ein paar Jungs in seinem Alter. Auch Leon ist dabei und Konrad ist Schiedsrichter.

6

„Hey“, sagt Leon nach dem Match. Wir sitzen noch kurz am Spielfeldrand. „Du hast ja viel mehr drauf, als du heute Morgen gezeigt hast. Was war denn da los mit dir?“

Obwohl er enorm viel gelaufen ist, schwitzt er kaum. Und diesmal hat er kein einziges Tor geschossen! Aber ich habe jedes Kopfballduell gewonnen.

„Ich hab gar nicht damit gerechnet, dass du so hoch springst“, meint er. „Heute Morgen warst du eher wie ein nasser Sack. Warst du jetzt etwa gedopt?“ Er grinst.

Nur einmal hat er es geschafft, mich zu überdribbeln, noch weit weg vom Strafraum. Aber ich habe ihn eingeholt und den Ball noch gekriegt.

„Kein Doping.“ Ich grinse auch. „Hab diesmal nur nicht auf die falschen Leute gehört. Trinken wir eine Cola?“ Wir gehen in Richtung Kiosk.
„Gesund ist das aber nicht“, sagt er ernst.
Und zu Konrad, der unter dem großen Sonnenschirm schon auf uns wartet: „Du bist ein echt guter Schiedsrichter.“
Konrad wird sofort einen halben Kopf größer.
„Ist ja nicht so schwer“, sagt er bescheiden.
„Find ich schon“, erwidert Leon. „Obwohl Ricky dein Freund ist, hast du ihn nicht bevorzugt.“
„Du schleimst bestimmt nur so rum, damit ich deine Cola bezahle, stimmt's?“, sagt Konrad und wir lachen. Er geht zur Kiosk-Klappe und holt drei eisgekühlte Flaschen.
Am Stehtisch im Schatten stoßen wir an.
„Aber meine Eltern dürfen das echt nicht sehen“, sagt Leon. „Dass ich gleich nach dem Spiel Cola trinke.“
Dabei ist seine Flasche als erste leer.

„Sind die echt so streng?“, fragt Konrad.
„Nur in Sachen Fußball. Ich will nämlich Profi werden.“
„Wow! Ehrlich?“ Konrad staunt nicht schlecht.
„Na ja, für mich wär das nichts.“
„Vielleicht gehe ich auf ein Bundesliga-Internat. Bald kommt jemand, um mich zu testen. Mein Vater hat schon ein paarmal mit ihm telefoniert.“
Das klingt richtig gut. Aber Leon hört sich nicht besonders happy an. Und er sieht auch nicht happy aus.
„Kommt ihr mit an den Strand?“, frage ich.
„Das ist jetzt genau die richtige Abkühlung.“
„Ich muss los“, sagt Konrad. „Wir kriegen Besuch.“
„Tolle Idee!“, meint dagegen Leon. „Ich war den ganzen Sommer noch nicht schwimmen.“

Kurzfassung

Auf dem Bolzplatz gewinnt Ricky jedes Kopfballduell. „Du warst ja viel besser als heute Morgen“, sagt Leon nach dem Spiel. Er erzählt, dass er Profi werden will. Aber er sieht nicht besonders happy aus.

7

Wir liegen auf Leons großem Handtuch im Sand. Vom langen Baden sind wir noch nass.

„Das war echt cool!" Leons Lächeln ist heller als sonst.

„Seit wir hier wohnen, bin ich fast jeden Tag hier", entgegne ich. „Das ist echt super."

Wir schauen aufs Wasser. Draußen blinken weiße Segel in der Sonne.

„Ich war schon ewig nicht mehr am Strand", meint Leon.

„Und warum nicht?", frage ich. „Du wohnst doch gleich nebenan."

„Keine Zeit", sagt er etwas traurig. „Ich muss viel für die Schule tun. Und Fußball spielen. Beides ist

wichtig wegen dem Fußball-Internat. Man muss überall gut sein, sonst hat man keine Chance."
„Jetzt aber noch mal rein!", rufe ich und wir rennen in die Wellen. Das Wasser spritzt bis weit über unsere Köpfe.
„Machst du denn nie irgendwas anderes?", frage ich. Wir schwimmen nebeneinander.
„Außer Fußball und Schule, meine ich?"
Ich schaue zu ihm rüber, aber er ist verschwunden. Abgetaucht in den Wellen.
Später, zurück am Strand, werfen wir uns aufs Handtuch.
„Am liebsten spiel ich Schlagzeug", sagt Leon.
„Wow!" Ich bin sofort begeistert. „Hast du denn eins?"
„Mein großer Bruder hat eins. Im alten Vereinsheim beim Sportplatz. Er nennt es seine ‚Schießbude'."
„Dann lass uns hin!", rufe ich aufgeregt.
„Jetzt sofort?"
„Wann sonst?", sage ich. „Weihnachten hab ich schon was vor."
Leon reckt den Daumen in den Wind. Hastig packt er sein Handtuch ein.

„Ich hab noch nie Schlagzeug gespielt“, sage ich unterwegs auf dem Rad. „Ich kann nur ein bisschen Gitarre.“
„Gitarre ist auch cool“, meint Leon. „Bring doch beim nächsten Mal eine mit. Dann spielen wir zusammen.“
Im alten Vereinshaus ist es schön kühl. Außer dem Schlagzeug steht nichts drin. Auf dem Boden liegt eine alte Matratze.
Leon setzt sich an die „Schießbude“ und legt los. Er hat echt was drauf. Ich lass mich auf die Matratze fallen und höre ihm zu.
„Kann ich auch mal?“, frage ich nach zehn Minuten.

„Klaro. Ich zeig dir, wie du die Sticks halten musst."
Das Spielen ist viel schwieriger als gedacht. Aber schon bald hört es sich nicht mehr ganz so schlimm an.
„Am liebsten würde ich Drummer werden", sagt Leon, als wir uns auf den Heimweg machen. Draußen ist es kein bisschen kälter geworden.
„Oder vielleicht Ingenieur."
„Ich denk, du wirst Fußball-Profi?" Ich bin etwas verwirrt.
„Tja, schon", murmelt Leon. „Aber vielleicht klappt das ja gar nicht. Wer weiß?"

Kurzfassung

Nach dem Kicken gehen die Jungs an den Strand. Leon war schon ewig nicht mehr baden. Er muss immer Fußball trainieren. Eigentlich spielt Leon auch gern Schlagzeug. Er zeigt Ricky das Schlagzeug seines Bruders, das im alten Vereinsheim steht. Leon würde am liebsten Drummer werden. Falls das mit dem Profifußball nichts wird.

8

„Ricky ist noch nicht gut genug. Das ist klar“, sagt Max am nächsten Tag in der großen Pause. „Ich kann ihn für das Turnier unmöglich aufstellen.“

Wir hängen auf dem Schulhof in der hinteren Ecke ab. Bei der Tischtennisplatte. Hier im Schatten kann man es halbwegs aushalten.

Hanna ist stinksauer.

„Er ist viel besser als du“, zischt sie Max an.

Der guckt ganz verdattert.

„Warst du gestern vielleicht nicht dabei?“, fragt er. „Er hat es total vergeigt. Als Torwart hattest du da keine Chance. Oder siehst du das anders, Ricky?“

„Weiß nicht“, sage ich zerknirscht. Natürlich hat er recht. Aber irgendwie auch nicht.

„Du weißt nicht, dass Leon drei Tore geschossen hat?“, sagt Max spöttisch.

„Weil du Ricky die falschen Tipps gegeben hast!“, fährt Hanna wütend dazwischen. „Nur deshalb.“

„Ich habe ihn vor Leon gewarnt.“

Jetzt platzt auch mir der Kragen.

„Du hast gesagt, dass er eine Niete beim Kopfball ist. Und dass er nicht gut dribbeln kann."
„Und beides war gelogen!", ruft Hanna. „Du hast es nur gesagt, um Ricky reinzulegen. Das war total gemein. Du bist total gemein."

Drohend baut Max sich vor ihr auf. „Wir können ja zu Herrn König gehen. Mal hören, was der dazu sagt."
„Lass mich bloß in Ruhe, Blödi!" Hanna ist stocksauer. Sie schiebt Max zur Seite und verschwindet.
„Du bist der größte Blödmann, den ich kenne!", ruft sie noch.

Konrad und ich folgen ihr in Richtung Schuleingang. Die Pause ist gleich zu Ende.

„Willst du dich nicht wehren?“, fragt Konrad mich.

„Wie denn?“

„Keine Ahnung.“

Wenig hinter uns kommt Max mit seinen Freunden.

„Wenn wir das Turnier gewonnen haben, kannst du es noch mal versuchen!“, ruft er. „Bis dahin muss ich leider auf Versager verzichten!“

Ich tue so, als hätte ich ihn nicht gehört. Aber er holt uns ein.

„Von mir aus sitzt du nicht mal auf der Ersatzbank“, sagt er. „Aber Herr König will das unbedingt. Ich glaub, er mag dich. Andererseits hat er natürlich recht.“ Um es spannender zu machen, legt er eine Pause ein. „Schließlich gehörst du genau dahin: auf die Ersatzbank! Wohin auch sonst?“

Seine Kumpels gackern, als würde er sie dafür bezahlen.

„Jetzt halt endlich deine doofe Klappe“, sage ich, „oder …“

„Oder was?“ Er grinst breit.

„Oder …" Ich will auf ihn losgehen, aber Konrad hält mich zurück. Wir stehen mitten auf dem Schulhof. Um uns herum die ersten Gaffer.
„Lass den Blödmann", sagt Konrad. „Das bringt doch nichts. Wir werden es ihm schon noch zeigen …"

Kurzfassung

Max will Ricky nicht für das Schulturnier aufstellen. Er findet, dass Ricky im Testspiel nicht gut genug war. „Weil du ihm die falschen Tipps gegeben hast", sagt Hanna wütend. „Wir können ja zusammen zu Herrn König gehen", antwortet Max nur drohend. Ricky weiß nicht, wie er sich wehren soll.

9

„Wieso warst du die letzten Tage nie mit am Strand?“
Ich treffe Leon zufällig beim kleinen Supermarkt um die Ecke. Er hat eine Kiste Schorle in einem Handwagen. Wir gehen ein Stück nebeneinander her.
In der letzten Woche ist es jeden Tag heißer geworden. Die Luft ist sandig wie in der Wüste. Ich bin jeden Tag am Strand und im Wasser. Das ist der einzige Ort, an dem man es aushält.
„Ich hab viel trainiert“, sagt Leon.
„Fußball?“, frage ich ungläubig.
„Mit Ballett hab ich letzte Woche aufgehört“, erwidert er trocken.
„Fußball auf dem Bolzplatz?“ Ich kann es kaum glauben. Dort ist immer praller Sonnenschein.
„Oft auch bei uns im Hof. Da gibt’s ein bisschen mehr Schatten.“
„Bist du durchgeknallt? Es war über dreißig Grad!“
„Na und? Ich kann doch wegen dem bisschen Hitze nicht mit dem Training aufhören. Jeden Tag zwei Stunden muss sein.“

Er macht ein wichtiges Gesicht. Trotzdem sieht er bedrückt aus.
„Der Bundesliga-Scout kommt nächste Woche."
„Echt?" Ich bin sofort begeistert. „Zum Turnier?"
Leon nickt. „Der ist hier in der Gegend und will mich spielen sehen. Mein Vater hat ihm vom Turnier erzählt."
„Wow! Dann wird es ja richtig ernst für dich."
Er nickt. Plötzlich bin ich fast froh, nicht in der Aufstellung zu sein. Dann müsste ich gegen ihn spielen, falls unsere Teams gegeneinander antreten. Und ich habe mir fest vorgenommen, dass er beim nächsten Mal auf keinen Fall ein Tor schießt!
Im Park setzen wir uns auf eine schattige Bank. Leon öffnet eine Flasche Schorle, trinkt und reicht sie an mich weiter. Das Zeug ist lauwarm, hilft aber gegen den Durst.

„Freust du dich denn gar nicht?", frage ich.

„An deiner Stelle wäre ich total happy.“ Und nach einem kräftigen Schluck Schorle: „Wenn du auf das Internat kommst, wirst du ganz bestimmt später Profi. Das ist doch voll der Hammer!“

Über Leons Gesicht zieht ein Schatten.

„Kann sein“, sagt er. „Das wäre natürlich super.“

Plötzlich habe ich einen Verdacht.

„Wer will eigentlich, dass du Profi wirst? Dein Vater oder du?“

„Natürlich wir beide!“ Er guckt, als hätte ich ihn beleidigt. „Was denkst du denn?“

„Aber wer von euch will es mehr?“

„Blöde Frage!“, ruft er. Wütend springt er auf und will schnell weiter. „Ich natürlich. Wer denn sonst?“

Kurzfassung

Es ist so heiß, dass man es eigentlich nur am Strand aushalten kann. Trotzdem trainiert Leon jeden Tag zwei Stunden. Der Scout eines Bundesligavereins wird nächste Woche zum Turnier kommen. Er will Leon spielen sehen. Leon wirkt bedrückt. „Freust du dich denn gar nicht?“, fragt Ricky.

10

Am nächsten Tag ist es nicht mehr ganz so heiß. Statt an den Strand gehe ich auf den Bolzplatz. Da lässt es sich heute wieder besser aushalten. Vor allem aber will ich Leon dort treffen. Ich hab über seine Worte nachgedacht und muss unbedingt mit ihm reden.

Hanna ist auch da. Als ich komme, trainieren die beiden schon zusammen. Sie steht im Tor und er

schießt ihr drauf. Seine Schüsse sind super, aber sie hält gigantisch.

„Das sollte Max lieber nicht sehen", sage ich zu Hanna und wir klatschen uns ab. „Dass du Leon hilfst, noch besser zu werden. Er ist unser größter Gegner."

Sie grinst breit. „Ich werde dabei ja auch nicht schlechter. So haben wir beide was davon."

Dann kicke ich mit. Leon greift an, ich verteidige, Hanna hält. Jeder spielt die Rolle, die er auch im richtigen Spiel hat. Als Konrad dazukommt, bleibt

er lieber im Schatten und isst sein Eis. Wir drei spielen so lange, bis sogar Hanna im Tor der Schweiß von der Stirn tropft.
Danach setzen wir uns in den Schatten neben der Wiese.
Eigentlich wollte ich mit Leon allein reden. Aber es stört mich nicht, wenn Hanna und Konrad dabei sind. Ich weiß nur nicht, wie ich anfangen soll.
„Ich bin im Verein, seit ich vier bin“, sagt Leon plötzlich. Vielleicht hat er über das Gleiche nachgedacht wie ich. „Und ich war von Anfang an der Beste.“
„Sicher weil du am meisten geübt hast“, meint Hanna.
„Kann schon sein“, sagt Leon. „Mein Vater hat mit mir gespielt, seit ich laufen konnte. Früher wollte er selbst Profi werden. Aber dann hat er sich verletzt und es war vorbei. Mit mir hat er nie was anderes gespielt als Fußball.“
„Mehr als du Lust hattest?“, fragt Konrad.
„Quatsch!“, ruft Leon, sofort wieder sauer. „Aber manchmal hätte ich schon gern was anderes mit ihm gemacht. Drachen steigen lassen oder so ’n Blödsinn.“

„Wieso Blödsinn?“, meint Konrad. „Macht doch Spaß.“

„Genau das meine ich ja.“ Leon wird immer saurer. Ich weiß gar nicht, auf wen. Genervt springt er auf. „Fußball war für mich fast wie Schule. Ich musste immer üben und sollte der Beste sein.“

„Und wenn du das nicht warst“, sagt Hanna wie gelangweilt, „dann musstest du noch mehr üben. Stimmt's?“

„Was natürlich nie vorkam.“ Endlich kann Leon wieder lachen, wenigstens ein bisschen. „Ich war natürlich immer der Beste. Was sonst?“

„Dann mal los, Ronaldo!“ Ich werfe ihm den Ball zu. „Was sitzt du hier so faul rum? Lass uns weiterkicken.“

„Aber nur ein bisschen rumspielen“, sagt Leon locker. „Endlich mal kein Training.“

„Super Idee“, meint Konrad. „Da bin ich auch dabei.“

Kurzfassung

Leon, Hanna und Ricky trainieren auf dem Bolzplatz. Danach setzen sie sich im Schatten auf die Wiese. Leon erzählt, dass sein Vater schon mit ihm Fußball gespielt hat, seit Leon laufen konnte. Er hätte auch gern was anderes mit ihm gemacht. Jetzt freut sich Leon, dass er mit Ricky und Hanna einfach zum Spaß kicken kann.

11

Es ist der letzte Tag vor der Zeugnisvergabe. Danach sind Ferien. Das Turnier der besten Klassenmannschaften der Stadt ist das Highlight des Schuljahrs. Alle freuen sich darauf. Wer nicht spielt, sitzt auf der Bank oder ist Fan. Es ist heute etwas kühler als an den Tagen zuvor. Und für den Nachmittag ist sogar Regen angekündigt.
Wir haben Glück und unsere Spiele finden alle auf unserem Sportplatz statt. So müssen wir nicht weit fahren.
Vormittags sind die Gruppenspiele. In jeder Gruppe sind vier Mannschaften. Die ersten beiden kommen weiter. Die anderen sind am Nachmittag nicht mehr dabei.
Schon am Vormittag schießt Leon sieben Tore in drei Spielen. Damit ist er auf Platz eins der Torschützenliste. Seine Mannschaft ist klarer Favorit. Und gewinnt auch drei Mal irre hoch. Locker schaffen sie es ins Achtelfinale. Wenn ich nicht gerade auf der Bank hocke oder Hanna im Tor steht, schaue ich mit ihr bei Leons Spielen zu.

Ich freue mich über jedes seiner Tore. Dann taucht Max neben uns auf.
„Verräter!", zischt er bissig. „Ich muss mal mit Herrn König sprechen. Du gehörst nicht mal auf die Bank, wenn du zu unserem größten Feind hältst."

„Beim Fußball gibt es keine Feinde", sagt Hanna gelassen. „Nur Gegner."
„Und das auch nur auf dem Rasen", meint Konrad.
„Halt du die Klappe!", fährt Max ihn an. „Du hast doch überhaupt keine Ahnung, alte Lusche."
Wir gewinnen unser erstes Spiel. Als wir im zweiten kurz vor Schluss 1:3 zurückliegen, holt

Max mich ins Match. Am Ergebnis ändert sich natürlich nichts mehr.
„Na, großer Meister!“, sagt Max hinterher grinsend. „Ich dachte, du bist so super? Warum haben wir dann verloren? Du hattest doch genug Zeit, das Spiel zu drehen.“
„Stimmt“, antworte ich. „Ungefähr drei Minuten.“
„Jede Minute zählt“, meint er und grinst noch blöder. „Im nächsten Spiel sitzt du jedenfalls wieder auf der Bank. Dann haben wir vielleicht eine Chance.“
Er weiß genau, dass es nun gegen die schwächste Mannschaft des Turniers geht. Wir gewinnen locker 7:0 und erreichen so die nächste Runde.
„Jetzt haben wir uns richtig schön warm geschossen“, prahlt Max bei der Besprechung im Schatten der großen Eiche. „Wenn alles so weiterläuft, treffen wir im Finale auf die Klasse von Leon. Dann kann er was erleben. In den nächsten Spielen müssen wir unbedingt unsere Kräfte schonen. Die brauchen wir im Endspiel.“
In der Mittagspause treffe ich mich mit Leon. Wir wollen eine halbe Stunde am Strand abhängen und baden.

„Um drei Uhr kommt Herr Vogt“, sagt Leon. „Zu Beginn der Halbfinals. Hoffentlich sind wir dann überhaupt noch dabei.“ Langsam gehen wir nebeneinander ins Wasser.

„Ihr kommt auf jeden Fall ins Endspiel. Ihr seid die Besten“, antworte ich und grinse: „Außer uns natürlich.“

„Mit dem Mund hat noch keiner ein Spiel gewonnen“, sagt er lachend und schubst mich ins Wasser, dass es nur so platscht.

„Das stimmt!“, rufe ich prustend nach dem Auftauchen. „Aber wer ist Herr Vogt?“

Kurzfassung

Das Schulturnier beginnt. Rickys und Leons Mannschaft erreichen die nächste Runde. Ricky schaut bei Leons Spielen zu. Er freut sich über jedes seiner Tore. Er glaubt, dass Leons Mannschaft ins Endspiel kommt. Denn die ist die beste – außer Rickys Mannschaft natürlich.

12

„Max ist zwar ziemlich doof“, meint Konrad, „aber Hellseher könnte er werden.“
Max’ Vorhersage für das Endspiel war nämlich richtig: Leons Klasse gegen unsere. Außer den drei Minuten am Anfang des Turniers hab ich nicht mitgespielt. Es ist, als wäre ich auf der Bank festgewachsen.
„Die Vorhersage war allerdings nicht gerade schwer“, sagt Hanna. „Wir sind einfach die zwei stärksten Teams.“
Gleich geht das Endspiel los! Die letzten Vorbereitungen laufen. Locker kicken wir uns ein paar Bälle zu. Nur jetzt nichts Anstrengendes mehr. Jedenfalls für unsere Stammspieler. Ich dagegen habe noch Kräfte ohne Ende.
Auf der Bank zu hocken, ist nur für den Kopf anstrengend. Weil der dauernd darüber nachdenkt, wie blöd es ist, dass die Beine nicht mitspielen können.
Leon kommt von der anderen Seite des Platzes, um einen Ball zurückzuholen. Nervös blickt er auf

die Zuschauerränge. Sein Vater steht noch immer allein dort. Er ist genauso nervös wie Leon. Unruhig tritt er von einem Bein aufs andere. Immer wieder schweift sein Blick zum Eingangstor. Am Himmel ziehen erste Wolken auf.

„Herr Vogt steht im Stau auf der Autobahn“, sagt Leon. Dass Herr Vogt der Bundesliga-Scout ist, ist mir inzwischen klar.

„Und wenn er es nicht mehr rechtzeitig schafft?“, frage ich.

„Weiß ich auch nicht. Das Spiel können wir schlecht verschieben wegen ihm.“

Plötzlich taucht ein Mann im Jogging-Anzug neben Leons Vater auf. Das kann nur Herr Vogt sein. Die beiden schütteln sich die Hand. Bundesliga-Scouts hab ich mir ganz anders vorgestellt. Steife Typen in Schlips und Kragen.

Auf keinen Fall so locker wie der hier.
„Dann kann es ja losgehen“, sage ich zu Leon.
„Ich drück dir die Daumen.“
„Hey!“, ruft Max vom Anstoßpunkt zu uns rüber.
„Ist das da vorn der Bundesliga-Typ, auf den alle warten? Dann wollen wir doch mal sehen, wen er auf seine Liste nimmt. Dich ganz sicher nicht, Leon. Heute spiel nämlich ich gegen dich.“
Leon rennt aufs Feld. Und los geht's!

Kurzfassung

Die Mannschaften von Leon und Ricky spielen tatsächlich im Endspiel gegeneinander. Da taucht ein Mann neben Leons Vater auf. Das kann nur Herr Vogt, der Scout, sein. Das Endspiel beginnt.

13

Man sieht sofort, wie ernst es Max mit seiner Drohung gegen Leon ist. Seit der Schiedsrichter das Spiel angepfiffen hat, steht er ihm praktisch auf den Füßen. Er beißt sich an ihm fest wie ein wütender Terrier.
Wollen seine Mitspieler Leon den Ball zuspielen, ist Max jedes Mal dazwischen. Schließlich geben sie es auf. Max macht das ziemlich gut. Ohne Leon, der keinen Ball mehr bekommt, ist seine Mannschaft nur noch die Hälfte wert. Schon nach fünf Minuten liegen sie 0:2 hinten. Leons Vater schlägt sich die Hand an die Stirn und Herr Vogt guckt kritisch.
Die Stimmung bei den Leuten aus meiner Klasse ist super! Am Himmel werden die weißen Wolken langsam grau. Leons Klasse feuert ihn weiter an. Meine Beine zucken, als wollten sie mitspielen. Nervös springe ich auf.

Natürlich halte ich zu meiner Mannschaft. Aber ein Teil von mir hält auch zu Leon. Dieses Spiel ist für ihn viel wichtiger als für alle anderen. Er muss unbedingt zeigen, was er kann. Sonst war all sein Training vergeblich!
„Du musst dich setzen", sagt Herr König zu mir. „Sonst kriegst du vom Schiedsrichter die gelbe Karte."
In echt aber ist es Max, der nun die gelbe Karte bekommt. Nach einem üblen Foul an Leon. Der liegt am Spielfeldrand und hält sich den Knöchel. Ich gehe zu ihm, obwohl Herr König versucht, mich zurückzuhalten.
„Hey, Ronaldo", flüstere ich ihm zu. „Was wäre, wenn du jetzt am Schlagzeug wärst? Ich schwöre dir: Wenn Ronaldo Schlagzeug spielt, dann wackeln die Wände!"
Leon guckt mich an. In seinem Gesicht geht ein Lächeln auf wie die Sonne am Himmel. Er kommt hoch, wir klatschen uns ab. Dann rennt er zurück aufs Feld. Plötzlich wirkt er viel stärker.
Max passt einen Moment nicht auf. Der Ball erreicht Leon. Wild entschlossen dribbelt er sich

in den Strafraum. Vergeblich wirft Max sich dazwischen. Leon steht schon vor Hanna … und plötzlich weiß ich gar nicht mehr, zu wem ich halten soll. Es fängt an zu regnen.

Leon täuscht an, Hanna hechtet nach links. Die Ecke ist richtig, aber Leon lupft den Ball über sie hinweg: Tor! Nur noch 2 : 1 für uns. Ein echt toller Treffer!

Leon schnappt sich sofort den Ball. Er jubelt nicht, rast zurück zum Anstoßpunkt. Der Regen wird stärker. Und das Spiel ändert sich plötzlich total. Immer wieder rennt Leons Mannschaft gegen Hannas Tor an. Ein ums andere Mal dribbelt Leon sich an Max vorbei. Der schafft es nicht, ihn zu bremsen.

Hanna hält so gut wie noch nie. Leon rauft sich die Haare. Nur noch zwei Minuten. Wieder steht Leon frei vor Hanna. Auf dem nassen Gras rutscht sie aus. Das Tor ist frei. Max kommt von hinten

angestürmt. Tatsächlich gelingt es ihm, Leon den Ball in letzter Sekunde abzunehmen. Der Schiedsrichter sieht das Foul nicht. Beide Spieler bleiben am Boden liegen. Max hält sich jammernd den Knöchel. Herr König rennt zu ihm und winkt mich dann schnell heran.

„Du musst für Max einspringen", sagt er.

„Diese Lusche?", schimpft Max trotz seiner Schmerzen. „Auf keinen Fall. Da mache ich lieber weiter." Er rennt los, knickt aber wieder um.

„Ricky", sagt Herr König, „zeig, was du draufhast. Fünf Minuten müssen wir noch überstehen. Gib alles!"

Kurzfassung

Max will den Scout beeindrucken. Er lässt Leon nicht an den Ball kommen. Im Nu liegt Leons Mannschaft 0:2 hinten. Doch Leon schießt trotzdem das 1:2. Dann wird Max verletzt und Ricky springt kurz vor Schluss für ihn ein. Sie müssen den Ausgleich verhindern.

14

Und genau das mache ich! Herr König hat recht. Wir müssen unseren Vorsprung unbedingt halten. Sonst gibt es Verlängerung. Und das kann übel enden. Unsere Mannschaft ist mit den Kräften am Ende. Wir müssen hinten dicht machen. Koste es, was es wolle. Wir stehen wie eine Wand.
Dann ein Eckstoß für die anderen. Es sind nur noch ein paar Sekunden. Alle sind hinten, selbst die Stürmer. Wir stehen im Strafraum wie die Orgelpfeifen und warten auf den Ball. Die Ecke kommt hoch vors Tor. Ich sehe ganz genau, wohin der Ball fliegt, sehe es wie in Zeitlupe.
Ich presche vor, drängel mich zwischen ein paar anderen hindurch. Der Ball kommt genau auf Leon zu. Er springt hoch, ich auch. So hoch ich kann … und ich erreiche tatsächlich den Ball. Denke ich zumindest! Aber dann ist Leon doch noch dazwischen. Er erwischt den Ball gut mit der Stirn … der Ball fliegt. Fliegt über alle anderen Köpfe hinweg. Dann auch über Hannas ausgestreckte Fäuste … er ist zu hoch für sie … und landet im

Netz! Verdammt! 2:2 in allerletzter Sekunde! Der Schiedsrichter pfeift das Spiel gar nicht mehr an. Verlängerung! Ich sehe schwarz!

Leon ist nun kaum noch zu bremsen. Immer wieder erobert er sich den Ball und dribbelt. Keiner kann ihn aufhalten. Bis er vor mir steht. Wieder und immer wieder. Wie ein Phantom!
Oft gewinne ich die Duelle. Ich habe ja noch Kraft. Die anderen in der Mannschaft kaum noch.
Paul neben mir ist fix und fertig. Er kämpft trotzdem weiter, großartig! Ein paarmal kommt Leon an mir vorbei in den Strafraum. Aber Hanna hält super!
Halbzeit der Verlängerung. Die Spannung kribbelt im Bauch wie Cola. Noch einmal wechseln wir die Seiten. Noch immer steht es 2:2. Der Regen wird stärker. Die Trikots sind klitschnass. Aber egal, weiter geht's!
Immer wieder das gleiche Bild. Leon taucht vor Hannas Tor auf und schießt. Aber immer wieder hält sie! Mal fischt sie den Ball oben heraus, mal erwischt sie ihn im letzten Augenblick auf dem Boden. Sie fängt, sie faustet, hechtet sich. Es ist

Wahnsinn, wie gut sie hält. Ohne sie hätten wir längst verloren.
Die Verlängerung geht auf das Ende zu. Wir verteidigen nur noch. Mehr geht nicht. Leon und seine Mannschaft sind viel zu gut. Mit allerletzter Kraft versuchen wir, das 2:2 zu halten. Schaffen wir es, dann gibt es Elfmeterschießen.
Aber erst mal der nächste Angriff von Leons Mannschaft. Leon wartet in der Mitte vor dem Tor. Die Flanke kommt hoch, sehr hoch! Ich mache mich zur Abwehr bereit. Leon springt, ich springe auch. Genau wie beim 2:2. Wir fliegen beide durch die Luft. Und dann … hau ich ihn um!

Leon liegt auf dem Rasen. Zum Glück hat er sich nicht verletzt. Der Schiedsrichter zögert keine Sekunde: Strafstoß!
Entschlossen nimmt Leon sich den Ball und legt ihn auf den Punkt. Raffiniert täuscht er an. Die Sache

scheint klar. In hohem Bogen segelt Hanna in die falsche Ecke. Aber dann, im allerletzten Moment reißt sie die Füße hoch. So kommt sie doch noch an den Ball. Der fliegt enorm hoch. Und als er endlich runterfällt, fängt Hanna ihn auf.
Der Schiedsrichter pfeift noch immer nicht ab.
Es können nur noch Sekunden sein.
„Los!“, schreit Hanna. „Alle nach vorn. Ein letztes Mal!“
Wie wild rase ich auf das gegnerische Tor zu.
Und dann kommt der Ball! Mit hohem, weitem Abschlag hat Hanna ihn nach vorn gedonnert.

Er landet direkt vor meinen Füßen. Ich laufe noch ein paar Schritte, bin schon im Strafraum. Jemand ist hinter mir her, ich höre seinen Atem. Dann hänge ich ihn ab.
Mit dem linken Bein hole ich aus. Eigentlich schieße ich besser mit rechts. Aber der Ball fliegt. Und fliegt. Und … Tor! Es ist unglaublich – 3 : 2! Wir haben den Pokal gewonnen!

Kurzfassung

Ricky gibt alles. Erst in letzter Sekunde gelingt Leon der Ausgleich. Es gibt Verlängerung. Leon ist kaum mehr zu bremsen. Immer wieder stürmt er zum Tor. Ohne Hanna hätten sie längst verloren. Doch dann vergibt Leon einen Strafstoß. Und Ricky donnert den Ball ins Tor. 3 : 2 – sie haben den Pokal gewonnen!

15

Die Begeisterung in meiner Klasse ist riesig. Da ist sogar der Regen egal. Alle sind nass bis auf die Haut, aber keinen stört es. Nicht mal Konrad. Mit diesem Sieg hat keiner mehr gerechnet. Wir feiern in der Kabine. Alle fallen sich gegenseitig um den Hals. Sogar Max und ich. Wir werden sicher keine Freunde, aber wir sind wenigstens keine Feinde mehr. Selbst Herr König flippt ziemlich aus.
Er küsst sogar den Pokal.
Plötzlich muss ich an Leon denken. Ihm geht es ganz sicher nicht gut. Um ihn zu suchen, schleiche ich mich von den anderen fort nach draußen.
Auf dem Platz ist niemand mehr zu sehen.
Ich ahne, wo Leon steckt. Und schon höre ich das Schlagzeug, so laut wie noch nie. Ich renne zum alten Vereinsheim.
Leon sitzt hinter der „Schießbude“. Seine Augen sind geschlossen. Er trommelt so wild, als könnte

er dadurch den verschossenen Strafstoß ungeschehen machen. Ich schnappe mir eine der Gitarren, die seit ein paar Tagen hier liegen.
Ich spiele ein paar Riffs, zuerst leise, dann immer lauter. Leon hört mich und öffnet die Augen. Er spielt weiter, wird aber im Gegenzug leiser. Bis wir uns schließlich in der Mitte treffen und zusammen spielen. In diesem Moment geht die Tür auf.
Es ist Herr Vogt, der Scout. Hanna ist bei ihm und Konrad. Ich will aufhören zu spielen, aber Leon macht einfach weiter.
Herr Vogt nimmt sich die zweite Gitarre, und dann spielen wir alle drei. Es passt richtig gut, ein toller Sound. Wir spielen bestimmt eine halbe Stunde.

„Du bleibst auf meiner Liste“, sagt der Scout später zu Leon. „Aber ich habe deinem Vater gesagt, dass er locker bleiben soll. Druck bringt nichts.“ Zu Hanna und mir sagt er: „Und ihr beiden steht ab sofort auch auf meiner Liste.“
„Wow!“ Hanna und ich klatschen uns ab. Leon schlägt mit ein, und auch Konrad.
„Die Hauptsache ist, dass man im Leben findet, was einem richtig Spaß macht“, sagt Herr Vogt. „Ob das nun Fußball ist oder Musik oder was ganz anderes. Und man sollte dabei immer einen guten Freund haben“, fügt er mit Blick auf uns vier hinzu. „Aber ich glaube, damit habt ihr kein Problem, oder?“ Wir lächeln uns an.

Kurzfassung

Rickys Team freut sich riesig. Aber Ricky sucht Leon. Im alten Vereinsheim trommelt Leon auf dem Schlagzeug. Ricky spielt auf der Gitarre mit. Da kommen Herr Vogt, Hanna und Konrad herein. Der Scout will Leon auf seiner Liste behalten. Er nimmt auch Ricky und Hanna mit auf.

Texte zu den Themen Wettkampf, Freundschaft und mehr

HIER KÖNNTE IHRE WERBUNG STEHEN
LAND SCHULZ

Am Ball

Sami Khedira

Verein: *Juventus Turin*

Position: zentrales Mittelfeld

Rückennummer: 6

Vertragslaufzeit: bis 30. Juni 2019

Geburtstag: 4. April 1987

Größe: 1,89 m

Erfolge: Italienischer Meister (2017 und 2016), Italienischer Pokalsieger (2017 und 2016), Champions-League-Sieger (2014), Weltmeister (2014), Spanischer Pokalsieger (2014 und 2011), Spanischer Meister (2012), Deutscher Meister (2007)

1. Als Kind konnte ich mir nichts anderes vorstellen, als Fußballer zu werden. Ich bin sehr froh, dass sich dieser Traum erfüllt hat.

2. Abgeschaut habe ich mir viel von den französischen Spielern Patrick Vieira und Zinédine Zidane. Ihre Übersicht über das Spiel war enorm gut.

3. Mein jüngerer Bruder Rani ist auch Fußballprofi. Er spielt beim FC Augsburg. Leider bin ich selten dort im Stadion, aber ich verfolge seine Spiele am Bildschirm, sooft ich kann. Beim Fußball bin ich vielleicht der Bessere, aber beim Kochen hat mir mein Bruder etwas voraus: Seine Pasta mit selbst gemachtem Pesto ist unwiderstehlich.

4. Was ich beim Training am wenigsten leiden kann, ist das Laufen ohne Ball. Das müssen wir aber machen, um Kondition aufzubauen.

5. Vor jeder Partie versuche ich, das Spiel im Kopf zu simulieren. Wie ist der Gegner aufgestellt? Was könnte passieren, und wie reagiert man darauf?

6. Wenn meine Mannschaft eine Niederlage einfährt, brauche ich erst einmal meine Ruhe. Ich verliere wahnsinnig ungern.

7. Wenn man bei einer Mannschaft außerhalb Deutschlands spielt, muss man auch die Sprache lernen. Mein Lieblingswort auf Spanisch ist „golazo“, das bedeutet „sehr schönes Tor“.

8. Vor der Weltmeisterschaft 2013 in Brasilien habe ich mir mein Kreuzband und mein Innenband gerissen. Das war im ersten Moment bitter: Ich wollte doch unbedingt bei den Spielen dabei sein! Ich musste operiert werden und ein Reha-Programm beginnen. Nach fünf Monaten harter Arbeit stand ich wieder auf dem Platz – und konnte zum Glück mit zur Weltmeisterschaft fahren.

Die Gehälter im deutschen Profifußball: So viel verdienen Profis in Deutschland

Die deutschen Profi-Klubs machen ein Geheimnis aus den Gehältern ihrer Stars, wohl auch aus Neid-Gründen. Dennoch werden immer wieder Zahlen genannt. Hier findest du die Informationen zu Gehältern in den deutschen Profi-Ligen, den Top-Verdienern sowie zum Durchschnittsgehalt der Bundesligisten.

Bei den Gehältern in der Bundesliga herrscht eine große Diskrepanz. Während der FC Bayern München alljährlich neue Stars in den Verein holt, um international wettbewerbsfähig zu bleiben, backen beispielsweise der SC Freiburg oder FC Nürnberg deutlich kleinere Brötchen. So verdient ein Profi beim FC Bayern laut „Sportintelligence“ 7,2 Millionen Euro im Durchschnitt. Damit sind die Münchener absoluter Spitzenreiter. Freiburg und Nürnberg stehen mit einem Durchschnitt von 0,51 bzw. 0,35 Millionen Euro am Ende des Rankings.

Durchschnittliches Einkommen der Bundesliga-Fußballer in Deutschland 2017/2018

Verein	Einkommen
FC Bayern München	7.200.598,92 €
Borussia Dortmund	3.634.930,13 €
Bayer 04 Leverkusen	2.515.094,90 €
Schalke 04	2.412.717,83 €
VfL Wolfsburg	2.192.219,13 €
RB Leipzig	1.769.866,95 €
Borussia Mönchengladbach	1.481.994,20 €
TSG 1899 Hoffenheim	1.350.605,87 €
VfB Stuttgart	1.347.091,97 €
Eintracht Frankfurt	1.031.501,31 €
SV Werder Bremen	1.029.219,54 €
Hertha BSC	942.792,20 €
1. FSV Mainz 05	706.364,16 €
Hannover 96	671.237,57 €
FC Augsburg	641.317,24 €
Fortuna Düsseldorf	574.202,77 €
SC Freiburg	507.532,65 €
FC Nürnberg	351.191,06 €

Aus diesen Zahlen ergibt sich ein Mittelwert von 3,37 Millionen € pro Fußball-Profi in der Bundesliga. Das ergibt ein durchschnittliches Monatsgehalt von etwa 281.116 Euro.

Karriereweg der U19-Spieler des FC Bayern München (2003/2004 bis 2016/2017)

Insgesamt **216** Spieler

Bundesliga	**40** Spieler
Profiliga (2. + 3. + Ausland)	**60** Spieler
Keine Profis	**116** Spieler

Die besten Sprüche von Fußballspielern und Trainern 1

„Zwei Chancen, ein Tor – das nenne ich hundertprozentige Chancenauswertung."
Uli Hoeneß

„Mal verliert man und mal gewinnen die anderen."
Otto Rehhagel

„Fußball ist ein Spiel von 22 Leuten, die rumlaufen, und am Ende gewinnt immer Deutschland."
Gary Lineker

„Man darf jetzt nicht alles so schlecht reden, wie es war."
Fredi Bobic

„Wir können so was nicht trainieren, sondern nur üben."
Michael Ballack

Wir wollten in Bremen kein Gegentor kassieren. Das hat auch bis zum Gegentor ganz gut geklappt."
Thomas Häßler

„Zuerst hatten wir kein Glück, und dann kam auch noch Pech dazu."
Jürgen Wegmann

„Ich glaube nicht, dass wir das Spiel verloren hätten, wenn es 1 : 1 ausgegangen wäre."
Roland Wohlfarth

„So ist Fußball. Manchmal gewinnt der Bessere."
Lukas Podolski

„Es gibt nur einen Ball. Wenn der Gegner ihn hat, muss man sich fragen: Warum!?"
Giovanni Trapattoni

Fußballstars –

Mats Hummels

Isst gern:
Sushi

Hobbys: Kino, Videospiele, Lesen, Essengehen, Basketball

Besonderes: Als Kind durfte er seine Mutter oft ins Stadion begleiten. Die Sportreporterin ließ ihren Sohn sogar im Aufnahmewagen die Knöpfe drücken.

Kevin Trapp

Isst gern:
Omas Nudelauflauf

Hobbys:
Reisen, Videospiele

Besonderes:
Trapp bewarb sich mit 14 Jahren selbst bei Kaiserslautern – per E-Mail!

Jérôme Boateng

Isst gern:
Fischstäbchen mit Kartoffelpüree

Hobbys:
Brillen designen

Besonderes: Boateng war früher seine Brille so unangenehm, dass er sie morgens im Briefkasten versteckte – bis seine Mutter das herausfand.

Toni Kroos

Isst gern:
Hausmannskost

Hobbys: seine zwei Beagle-Hunde Lennox und Julius

Besonderes: Im Sportunterricht musste Kroos früher immer barfuß spielen – weil seine Mitschüler sonst keine Chance gegen ihn gehabt hätten.

Antonio Rüdiger

Isst gern:
Italienisch

Hobbys:
Musik, in den Zoo gehen

Besonderes:
Rüdiger ließ sich den Namen seiner Mutter auf seine Fußballschuhe sticken.

Marco Reus

Isst gern:
Pasta

Hobbys: Freunde und Familie, Tennis, Basketball

Besonderes:
Das Spielfeld betritt Reus immer mit 3 Hüpfern auf dem linken Bein.

ganz privat!

Niklas' Traum vom Profisein

Niklas Determann ist Nachwuchsspieler in der U17 bei Bayer 04 Leverkusen. Wir haben ihn begleitet.

Normalerweise ziehen die älteren Geschwister ja zuerst aus. Bei Familie Determann ist das anders: Die 18-jährige Tochter Carolin wohnt noch bei den Eltern in Osnabrück, dafür ist der jüngere Sohn schon ausgezogen. Kannst du dir das vorstellen? Mit 14 Jahren von deiner Familie wegzuziehen? Doch Niklas hat einen großen Traum: Er möchte Profi-Fußballer werden.

Und er ist auf dem besten Wege dorthin. Seit mehr als einem Jahr trainiert der 15-Jährige als Nachwuchsspieler bei Bayer 04 Leverkusen – so wie etwa 150 andere Jungs. Niklas wohnt in einer Gastfamilie in Leverkusen. Wir haben ihn einen Tag lang begleitet und festgestellt: Sein Leben ist ganz schön durchgetaktet.

Nachwuchsspieler Niklas in seinem Zimmer in Leverkusen.

Morgens: Start ab 6.30 Uhr

Niklas' Tag geht früh los: Um 6.30 Uhr morgens steht er auf. Im Haus von Familie Hauer (das ist die Gastfamilie) hat er ein eigenes Zimmer im zweiten Stock. Dort wohnt auch Samed, ein anderer Nachwuchsspieler von Bayer Leverkusen. Das Bad teilen sich die beiden. In der großen Küche im Erdgeschoss frühstückt Niklas. Um 7.15 Uhr macht er sich auf den Weg zur Theodor-Heuss-Realschule. Dort geht er in die zehnte Klasse. „Die Schule arbeitet mit dem Verein zusammen. Wenn ich zum Beispiel mal früher gehen muss, weil wir unter der Woche ein Spiel haben, ist das kein Problem", sagt Niklas.

Mittags: Hausaufgaben machen

Meistens endet die Schule um 13.15 Uhr, dann wird Niklas von einem Bus abgeholt und ins Leistungszentrum von Bayer Leverkusen gebracht. Dort kommen alle Nachwuchssportler zusammen. „Wir essen zu Mittag, machen unsere Hausaufgaben und lernen für Klassenarbeiten", erzählt er. Lehrer und Betreuer helfen dabei. „Meine Mutter sagt immer, Schule ist genauso wichtig wie Fußball", sagt Niklas. „Es kann ja passieren, dass ich mich verletze und nicht mehr Fußball spielen kann. Deswegen habe ich immer einen Plan B."

Niklas Determann

Alter: 15

Verein: Bayer 04 Leverkusen, U17

Position: Mittelfeld, rechts

Vorbilder: Toni Kroos, Lionel Messi

Lieblingsverein: FC Bayern München, Bayer 04 Leverkusen

Karriere: Niklas spielt Fußball, seit er drei Jahre alt ist, zuerst bei VfR Voxtrup, dann Auswahl Stadtkreis, Auswahl Landkreis, Auswahl Niedersachsen, Gastspieler bei Werder Bremen (U13), VfL Osnabrück (U14), Bayer Leverkusen (seit U15)

Entdeckt: bei Spielen durch Scouts von Bayer 04 Leverkusen

Wenn Niklas seinen Realschulabschluss hat, will er aufs Gymnasium wechseln und Abi machen. Er kann sich auch vorstellen, später mal Sportmanagement zu studieren. „Aber so lange es läuft, gebe ich mein Bestes." Eine schlimme Verletzung hatte er noch nicht, nur im letzten Jahr Schmerzen durch das Wachstum. „Ich denke auch ehrlich gesagt nicht viel daran, dass es vorbei sein könnte."

Nachmittags: dribbeln, passen, schießen

Vom Leistungszentrum geht es um 17 Uhr zum Training. Viermal die Woche, zwei Stunden lang. „An meinem freien Tag treffe ich Freunde zum Playstationspielen oder wir gehen ins Schwimmbad", sagt Niklas. Im weichen Rasen auf dem Spielfeld machen die Jungs sich warm: dribbeln, abgeben, passen, schießen. Im Slalom läuft Niklas zwischen roten Stangen hindurch, der Ball tänzelt sicher zwischen seinen Füßen hin und her.

Niklas beim Training

Nach jeder Übung dehnen die Spieler sich, um Verletzungen vorzubeugen. In der zweiten Stunde werden Spiel-Situationen geübt, verschiedene kleine Teams spielen je fünf Minuten gegeneinander. „Am Fußball mag ich, dass man im Team spielt und zusammen gewinnt. Und wenn ich mal einen Fehlpass gemacht habe, pushen die anderen mich", sagt Niklas. Mit den anderen 22 Spielern aus seiner U17-Mannschaft versteht er sich total gut.

„Bei manchen merkt man schon, dass sie die anderen auch als Konkurrenten sehen", sagt er, „aber für mich sind das vor allem Freunde."

Abends: mit der Gastfamilie essen

Um 19 Uhr, nach dem Training, geht es zurück in die Gastfamilie. „Wir essen jeden Abend zusammen und gucken auch manchmal im Wohnzimmer Fernsehen." Familie Hauer nimmt im fünften Jahr Nachwuchsspieler auf. „Wir wollen den Spielern ein wohliges Umfeld bieten", sagt Mutter Melanie Hauer. „Und es ist schön zu sehen, wie die Spieler sich entwickeln", ergänzt Vater Stephan Hauer. Tochter Leni und Sohn Luis sehen die Nachwuchsspieler als große Geschwister an. Luis spielt auch selbst Fußball. Die Gastfamilie war für Niklas ein Grund, zu Leverkusen zu gehen. „Ich hatte auch Angebote von anderen Vereinen. Aber dann hätte ich in ein Internat ziehen müssen und das wollte ich nicht." Lange hat er mit seinen Eltern überlegt, ob er schon mit 14 ausziehen soll. „Aber Profi-Fußball ist mein Traum – dafür wäre ich auch noch weiter weggezogen."

Am Wochenende: die Eltern sehen

Oft stehen samstags Spiele der U17 an. Dann kommen seine Eltern vorbei und nehmen Niklas danach mit nach Hause. „Ich vermisse meine Familie und alten Freunde schon. Klar, es ist zu Hause noch schöner. Aber dadurch, dass ich sie eigentlich jedes Wochenende sehe, geht es." Trotzdem gibt es auch Phasen, in denen er es mehrere Wochen nicht schafft, nach Hause zu fahren. Eines jedoch lässt er sich nicht nehmen: Jeden Abend um halb zehn telefoniert Niklas mit seinen Eltern. „Dann reden wir über meinen Tag und das Training. Und manchmal erklärt mein Papa mir dann auch noch mal die Mathe-Aufgaben."

Wie wechselt ein Profi den Verein?

Die Bundesliga-Saison ist in vollem Gange. Doch bald beginnt die Winterpause und die Vereine können sich mit neuen Spielern verstärken. Von Verträgen über Manager bis zur Ablösesumme – wir erklären dir, wie ein Transfer, also ein Spielerwechsel, funktioniert.

Wie geht es los?

Wenn ein Verein einen Spieler von einem anderen Verein haben will, dann müssen sie verhandeln. Auch der Profispieler, der oft einen Berater hat, darf mitreden. Will der Spieler etwa nicht mehr für seinen aktuellen Verein spielen, so wird zunächst in gemeinsamen Gesprächen mit dem Spielervermittler und dem Verein nach möglichen Lösungen gesucht. Stimmt der aktuelle Verein grundsätzlich einer Abgabe des Spielers zu, so wird der Spielervermittler bei anderen Vereinen nachfragen, ob Interesse an einer Verpflichtung des Spielers besteht. Findet sich ein interessierter Verein, können die Verhandlungen über einen Transfer zwischen den Parteien beginnen. Ähnlich läuft es, wenn ein Verein einen Spieler abgeben will. Wenn ein Verein einen Spieler haben will, dann fragt er bei dem aktuellen Klub des Spielers an. Wenn alle bereit sind, können die Verhandlungen beginnen.

Was ist mit Marktwert und Ablösesumme gemeint?

Jeder Profispieler hat einen Marktwert. Damit ist ein Geldbetrag gemeint, der sagt, wie wertvoll der Spieler ist. Der Marktwert ist wichtig für die Verhandlungen, denn daran orientieren sich die Vereine, wie viel sie für einen Spieler bezahlen wollen. Wenn ein Spieler noch bei einem Verein ist, dann bezahlt der Verein, der ihn kaufen möchte, Geld an den Verein, der ihn abgibt. Das nennt man auch Ablösesumme.

Was ist ein Vertrag?

Jeder Spieler, der für einen Profi-Klub spielt, hat einen Vertrag. Genauso wie deine Eltern, wenn sie bei einem Arbeitgeber angestellt sind. In dem Vertrag steht, wie viel Geld der Fußballer kriegt, wann er frei hat und wie lange der Spieler bei dem Verein bleibt.

Wann kann man wechseln?

Für alle Vereine gibt es nur zwei Zeiten, in denen Spieler wechseln können – im Sommer und Winter. Das nennt man Transferphase.

Wer ist der teuerste Spieler?

Der Profi-Fußball ist ein richtig großes Geschäft, es geht um sehr viel Geld. Deswegen zahlen große Vereine viel für besonders gute Spieler. Der bislang teuerste Spieler ist der Brasilianer Neymar Jr., der für unglaubliche 222 Millionen Euro vom FC Barcelona zu Paris Saint-Germain wechselte. Der teuerste Transfer in der Bundesliga war Ousmane Dembélé, der von Borussia Dortmund zum FC Barcelona für 105 Millionen Euro wechselte.

ERSATZ-BANKER

„Ich verdiene keine 10 Millionen Euro im Jahr wie meine Kollegen“

Almuth Schult vom VfL Wolfsburg ist Nationaltorhüterin und hat fast alle möglichen Titel gewonnen. Mit Manuel Neuer kann – und will – sie sich trotzdem nicht vergleichen. Mit fünf Jahren hat sie angefangen Fußball zu spielen und einfach nicht mehr aufgehört. Heute mit 27 Jahren steht Almuth Schult beim VfL Wolfsburg im Tor und hat mit ihrem Verein und der Nationalmannschaft schon fast alle Titel gewonnen, die es gibt. Für den Frauenfußball insgesamt sieht sie noch Potential nach oben.

Sie sind Europameisterin, Olympiasiegerin, Champions-League-Siegerin – aber nicht ansatzweise so bekannt wie Manuel Neuer. Wie finden Sie das?
Es ist nun mal so: Der Männerfußball ist populärer. Aber wenn ich so bekannt wäre wie Manuel Neuer, würde ich vermutlich auf der Straße viel häufiger angesprochen werden und hätte weniger Privatleben. Die Presse würde versuchen, möglichst viel über mich herauszufinden. Ich bin sehr glücklich, dass das nicht so ist.

In Sportarten wie dem Tennis besteht nur ein kleiner Unterschied zwischen Männern und Frauen. Warum ist das beim Fußball anders?
Die Geschichte ist eine andere. Der Frauenfußball war lange Zeit verboten –

nicht nur, weil es angeblich unästhetisch sei, sondern weil man sogar meinte, dass Frauen dadurch Schaden nähmen. Genauso war es auch verboten, auf Trikots zu werben, weil es unschicklich sei, auf der Brust der Frauen Werbung anzubringen. Mit diesen Vorurteilen musste man erst aufräumen und aufgrund der Geschichte gibt es sie zum Teil immer noch. Außerdem spielen nicht so viele Frauen Fußball, weshalb die Qualitätsdichte oben in der Bundesliga oder in der Nationalmannschaft eine andere ist als bei den Männern.

Wie sind Sie zum Fußball gekommen?
Ich habe mit fünf Jahren angefangen, weil es mir Spaß gemacht hat. Ich habe auch viele andere Sportarten ausprobiert, war zum Beispiel auch sehr erfolgreiche Luftpistolen-schützin, bin relativ gut Inliner gefahren und habe überall mal reingeschnuppert, auch beim Tennis. Aber den Fußball, den gab es immer, das war das Prägendste bei mir. Vielleicht auch, weil die meisten aus meiner Grundschule und auch meine Geschwister Fußball gespielt haben.

Haben Freunde und Familie Sie unterstützt, als Sie gesagt haben, dass Sie Profi-Fußballerin werden wollen?
Ich habe das nie so offen ausgesprochen, sondern dieses Ziel immer vor Augen gehabt und gehofft, es in die nächste Auswahl zu schaffen. Ich bin meinen Eltern sehr dankbar, sie haben mich zu jedem Training gefahren, und wenn sie mal nicht konnten, haben mich meine Großeltern gefahren. Letztendlich war es dann mit 16 Jahren meine Entscheidung, von zu Hause auszuziehen und nach Hamburg zu gehen.

Mit Kepa Arrizabalaga ist gerade der teuerste Torhüter aller Zeiten für 80 Millionen Euro von Bilbao zu Chelsea gewechselt. Glauben Sie, dass

sich der Frauenfußball auch so entwickeln kann?
Ich weiß nicht, ob wir jemals dieses Level erreichen werden, aber wir merken auch, dass es vorangeht, gerade in England. Die Frauen dürfen dort mit auf den neuen Anlagen der Herren trainieren, dürfen alle Sachen von den Männern benutzen. Die Grundlage dafür, dass es finanziell nach oben geht: Es müssen Leute sehen wollen, es muss im Fernsehen übertragen werden, denn dann ist das Geld da. Ich glaube aber, es ist sehr utopisch, dass jemand für 80 Millionen den Verein verlässt. Ich habe noch nie von einem Transfer über 30.000 Euro gehört.

Was wünschen Sie sich noch für die Zukunft?
Ich hoffe wirklich, dass wir mehr Leute in die Stadien bekommen. Wenn die Stadien voll sind, kann man bessere Bedingungen schaffen, sich besser vermarkten, Sponsoren und Werbung akquirieren und mehr TV-Zeiten bekommen. Deutschland hängt da gerade ein bisschen hinterher. Wir haben mit der Nationalmannschaft schon vor 45.000 Zuschauern in der Allianz-Arena gespielt, doch bei normalen Länderspielen haben wir vielleicht 4000 bis 7000 Zuschauer.

Worauf freuen Sie sich in der neuen Saison?
Erst mal auf den Anfang der Saison. Man quält sich gerade in der Vorbereitung, um eine gute Saison zu spielen, jede Woche ist ein Wettkampf. Ich freue mich, dass der VfL Wolfsburg hoffentlich gut dastehen wird und wir ein Endspiel haben werden und vielleicht einen Titel gewinnen können. Der große Traum ist, noch mal in der Champions League zu triumphieren. Dieses Jahr wäre es was ganz Besonderes, denn dieses Jahr ist es das erste Mal, dass wir ein eigenes Finale bekommen, unabhängig von den Männern.

Die besten Sprüche von Fußballspielern und Trainern 2

„Wir haben sehr viel Arbeit in diese Niederlage gesteckt."
Max Merkel

„Ich bin immer sehr selbstkritisch, auch mir selbst gegenüber."
Andreas Möller

„Der Jürgen Klinsmann und ich, wir sind ein gutes Trio. Ich meinte Quartett."
Fritz Walter jun.

„Ich grüße meinen Vater, meine Mutter und ganz besonders meine Eltern."
Toni Polster

„Dass wir heute verloren haben, ärgert mich noch mehr, als dass ich morgen Geburtstag habe."
Jörg Berger

„Nichts ist scheißer als Platz zwei."
Eric Meijer

„Jetzt müssen wir die Köpfe hochkrempeln. Und die Ärmel natürlich auch."
Lukas Podolski

„Wir spielen am besten, wenn der Gegner nicht da ist."
Otto Rehhagel

„Fußball ist Ding, Dang, Dong. Es gibt nicht nur Ding."
Giovanni Trapattoni

„Mailand oder Madrid – Hauptsache Italien!"
Andreas Möller

„Ich sage nur ein Wort: Vielen Dank!"
Horst Hrubesch

WM 1974:

Deutschland gegen Deutschland

Auf dieses Spiel waren viele Leute gespannt. Manche sprechen noch heute von dem „Bruder-Duell". Denn so etwas hatte es noch nie gegeben: Bei der WM 1974 spielten in der Vorrunde zwei deutsche Mannschaften gegeneinander.

Das lag daran, dass Deutschland nach dem Zweiten Weltkrieg in zwei Hälften geteilt war. Der Staat im Westen hieß Bundesrepublik Deutschland – kurz BRD. Im Osten lag die Deutsche Demokratische Republik – kurz DDR. Beide Staaten hatten eine Nationalmannschaft.

Der Favorit in dem Spiel war die Mannschaft der BRD. Doch es kam anders: 77 Minuten schoss niemand ein Tor. Dann bekam der DDR-Spieler Jürgen Sparwasser den Ball und pfefferte ihn ins Netz! Am Ende gewann die Mannschaft aus dem Osten mit 1:0.

Später schied die DDR trotzdem aus – und Franz Beckenbauer, Gerd Müller und Co. wurden Weltmeister im eigenen Land. Doch noch heute sprechen viele von dem berühmten Sparwasser-Tor.

Kicken mit den Händen

Kai Wollin ist Fußball-Vizeweltmeister – aber er spielt nicht auf dem Rasen, sondern auf der PlayStation. Als E-Sportler verdient er sogar genug Geld, um davon zu leben. Sieht eigentlich ganz entspannt aus, oder? Wenn Kai Fußball spielt, kann er sitzen bleiben.

Die Zuschauer raunen, als der Ball knapp am Torpfosten vorbeifliegt. Gebannt schauen sie auf einen Bildschirm, auf dem ein Spiel übertragen wird. Dann ein lautes „Jaaa!" Sie jubeln, als das entscheidende Tor fällt. Ein Moderator kommentiert das Geschehen. Vieles ist wie bei einem echten Fußballspiel. Doch dieses Finale tragen nur zwei Spieler gegeneinander aus. Sie nennen sich „deto" und „Mo_Aubameyang". Sie sitzen unter dem Bildschirm, sehen konzentriert auf einen Monitor und bedienen geschickt ihren Controller. Damit steuern sie ihre Mannschaften aus je elf virtuellen Spielern, die rennen, Pässe spielen und schießen. „E-Sports" heißen diese Wettkämpfe mit Computerspielen. Sie werden immer beliebter.

Kai Wollin ist E-Sportler. Unter seinem Spielernamen „deto" spielt der Dortmunder gerade die Fußball-Simulation „Fifa 17" auf der Gamescom, der Computerspiele-Messe in Köln. Was andere als Hobby betreiben, macht der 28-Jährige beruflich. Als professioneller „Fifa"-Spieler wird Wollin von einem Unternehmen gesponsert und verdient genug Geld, um davon zu leben. Bei Turnieren bekommt er außerdem Preisgelder: Vor einem Monat wurde er „Fifa"- Vizeweltmeister und gewann 34 000 Euro. Seit etwa zehn Jahren spielt Kai „Fifa"-Turniere und merkt, wie E-Sports immer besser ankommen. Diesen Trend haben auch die Fußballklubs der Bundesliga erkannt: Schalke, Wolfsburg, Stuttgart und Leipzig haben bereits eigene „Fifa"-Spieler verpflichtet. Kai geht davon aus, dass die anderen Vereine folgen werden. „Irgendwann könnte es eine virtuelle Bundesliga geben, mit der wir ganze Stadien füllen", sagt er. Die Zeiten, in denen Zocker wie er als Nerds abgestempelt wurden, sind vorbei. Profi-E-Sportler sind ganz selten moppelige, ungepflegte und einsame Gamer. Kai Wollin studiert nebenbei, außerdem hält er sich fit und unternimmt gern etwas mit Freunden. Für „Fifa" trainiert er unterschiedlich viel: „Von gar nicht spielen bis fünf Stunden am Tag ist alles dabei", sagt er. Gute „Fifa"-Spieler müssen schnell reagieren können und voll bei der Sache sein. Ihre Augen und Hände müssen gut koordiniert sein. Nur so schaffen sie es, das Spielfeld zu überblicken. Bis zu einem gewissen Punkt lassen sich diese Eigenschaften trainieren. Aber: „Irgendwann wird das Training auch einfach zu viel, weil man zu erschöpft wird und dann unkonzentriert spielt", sagt Kai Wollin. „Wichtiger als Training ist deshalb das Talent" – und davon scheint er sehr viel zu besitzen.

So wird man Fußball-trainer!

Viererkette in der Abwehr oder doch besser ein 3-5-2? Defensive Spielweise oder doch lieber die offensive Taktik? Schwere Fragen!

Aber genau darüber müssen Trainer entscheiden. Egal, ob sie eine Mannschaft in der Bundesliga trainieren oder in einer der Ligen darunter. Aber Taktikwissen allein macht noch keinen guten Trainer aus.

Trainer müssen zum Beispiel auch gut mit Menschen umgehen können. Denn in einer Mannschaft gibt es ganz unterschiedliche Typen: Manche Spieler sind sehr ehrgeizig und schießen über das Ziel hinaus. Die muss ein Trainer ein bisschen bremsen. Andere Spieler sind dagegen besonders kritisch mit sich selbst, andere sind im Training vielleicht ein bisschen faul. Solche Spieler muss ein Coach aufbauen oder anspornen. Aus all diesen Spielern muss der Trainer eine Mannschaft formen. Du willst später auch mal eine Mannschaft trainieren? Wir zeigen dir, wie du Trainer oder Trainerin werden kannst.

Auch Jugendliche können Trainer werden

Der DFB hat ein besonderes Ausbildungsprogramm für Schüler ab 15 Jahren: den DFB-Junior-Coach. Er ist kostenlos, dauert rund 40 Stunden und wird von den einzelnen Landesverbänden angeboten. Den Junior-Coach kann man zum Beispiel während einer Projektwoche an der Schule machen. Gelernt werden unter anderem Trainingsmethoden, Gesprächsführung und Erste Hilfe. Am Ende gibt es ein Zertifikat. Mit dem Schein kann man dann zum Beispiel eine Fußball-AG leiten oder das Kindertraining im Verein.

Von Lizenz zu Lizenz

Im Grunde beginnt die Trainerkarriere aber mit einer sogenannten C-Lizenz. Für den Kurs muss man mindestens 16 Jahre alt sein und Mitglied in einem Fußballverein.
Die angehenden Trainer lernen zum Beispiel, wie man ein Training gestaltet, welche Übungen man machen sollte und wie man den Spielern am besten einen neuen Spielzug beibringt. Am Ende müssen die Teilnehmer eine Prüfung ablegen und zeigen, was sie gelernt haben. Wenn man den Schein mit der C-Lizenz in der Tasche hat, kann man mit der B- und später mit der A-Lizenz weitermachen.

Die Schule für die Profi-Trainer

Viele wollen es werden, aber nur wenige schaffen es: Viele Trainer träumen davon, einmal eine Bundesliga-Mannschaft zu trainieren. Dafür muss man die Ausbildung zum Fußball-Lehrer machen. Das kann man in Deutschland nur an der Hennes-Weisweiler-Akademie. Jedes Jahr bewerben sich viele Leute für diese Ausbildung. Aber nur 24 schaffen es in einen Jahrgang. Um aufgenommen zu werden, müssen die Bewerber die anderen Lizenzen absolviert haben und außerdem knifflige Aufgaben lösen: Zum Beispiel müssen sie eine Art Klassenarbeit schreiben. Und sie müssen ihr Wissen in der Praxis zeigen.
Das bedeutet, sie üben auf dem Platz mit einer Mannschaft zum Beispiel einen Spielzug ein: „Spieleröffnung aus der Viererkette gegen ein Angriffspressing." Dafür haben die Trainer 20 Minuten Zeit. Die Spieler, die dabei auf dem Platz stehen, sind übrigens die anderen Bewerber.
Nur die besten bekommen am Ende einen Platz an der Hennes-Weisweiler-Akademie.

Sportarten: Die Top Ten

Diese Sportarten haben im Jahr 2015 die meisten Bundesbürger ausgeübt – und für diese haben die Aktiven am meisten Geld ausgegeben

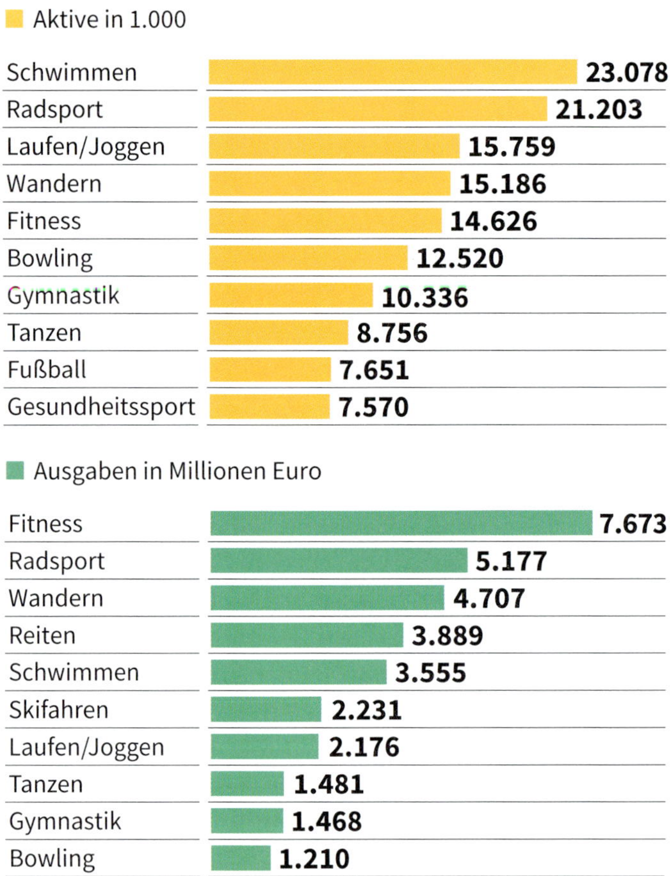

Befragung von 1.195 über 16-Jährigen in Deutschland

Quellen: Bundesinstitut für Sportwissenschaft, Bundesministerium für Wirtschaft und Energie, 2hm Research + Consulting

iwd

Warum ist unser Trikot schwarz-weiß?

Für jedes große Turnier werden die Trikots der Nationalmannschaft neu gestaltet, sie sehen immer ein bisschen anders aus. Aber es gibt auch ein paar Dinge, die immer gleich bleiben.
Zum Beispiel die Farben, in denen die Mannschaft spielt. Schwarz und weiß – das sind die Farben der deutschen Nationalmannschaft. Warum? Das hat etwas mit unserer Geschichte zu tun. Im Jahr 1908 fand das erste Länderspiel einer deutschen Nationalmannschaft statt. Das Team trat damals gegen die Schweiz an. Allerdings gab es Deutschland, so wie wir es heute kennen, noch gar nicht. Stattdessen gab es das Deutsche Kaiserreich. Das war ein Zusammenschluss aus verschiedenen Staaten. Der größte Staat in diesem Bund war Preußen. Es wurde von einem König regiert – und der war gleichzeitig der deutsche Kaiser. Dadurch war er sozusagen der Chef in diesem Staaten-Bund. Die preußischen Nationalfarben waren Schwarz und Weiß und deshalb lief die Nationalmannschaft auch in diesen Farben auf. Das ist bis heute so.

Bildquellenverzeichnis

S. 62 – 63 Sami-Khedira © MB Media Solutions – Alamy Stock Photo
Fußball Font © Thomas Bethge – Shutterstock
S. 64 Fußballstation Banner © Eibner-Pressefoto – picture-alliance
S. 66 Fußballer © Krisdog – 123RF
S. 67 Sprechblasen © Designed by Freepik
S. 68 – 69 Kevin Trapp © Peter Schatz – Alamy Stock Photo; Toni Kroos © speedpix – Alamy Stock Photo; Jérôme Boateng © Uwe Koch – Alamy Stock Photo Mats Hummels © Paul Marriott – Alamy Stock Photo; Marco Reus © Peter Schatz – Alamy Stock Photo; Antonio Rüdiger © Zeytun Sports Images – Alamy Stock Photo; Fußball Font © Thomas Bethge – Shutterstock
S. 70 – 73 Grüner Hintergrund © Designed by Freepik; Niklas Determann © KSTA – Jörn Neumann; Fußballer © Designed by Freepik
S. 74 – 75 Pfeile © Designed by Freepik
S. 76 Cartoon: Ersatz-Banker © Markus Grolik – cartoongrolik.blogspot.com
S. 77 Almuth Schult © Maurizio Borsari – AFLO – Alamy Live News
S. 80 Sprechblasen © Designed by Freepik
S. 81 Filmstreifen © Designed by Freepik; WM 1974 © picture alliance/ZB
S. 82 Kicken mit den Händen © David Klammer/laif
S. 84 Jürgen Löw © Gonzales Photo – Alamy Stock Photo
S. 87 DFB Trikot © Alan Smith – Alamy Stock Photo

Textquellenverzeichnis

S. 61 Hier könnte Ihre Werbung stehen © Dorthe Landschulz – Catprint
S. 62 – 63 Am Ball: Sami Khedira © In: ZEIT leo (06/2017, S. 48 – 49)
S. 64 Die Gehälter im deutschen Profifußball: So viel verdienen Profis in Deutschland. In: www.spox.com
S. 65 Durchschnittliches Einkommen der Bundesliga-Fußballer in Deutschland 2017/2018. Zahlen aus: Global Sports Saleryaries 2018, Sporting Intelligence
S. 66 Karriereweg der U19-Spieler des FC Bayern München. In: Hummel, Thomas (2018): Bereit zum Sprung. (SZ-Grafik innerhalb des Artikels)
S. 67 Die besten Fußballersprüche. Z. B. gesammelt von www.taschenhirn.de/alles-uber-fussball/beste-fussballer-sprueche
S. 68 – 69 Fußballstars – ganz privat! In: www.duda.news
S. 70 – 73 Sommerberg, Angela: Niklas' Traum vom Profisein. 2017. In: www.duda.news
S. 74 – 75 Wie wechselt ein Profi den Verein? 2017. In: www.duda.news
S. 77 – 79 Blittersdorff, Moritz von: „Ich verdiene keine 10 Millionen Euro wie meine Kollegen“. 2017. In: www.funky.de
S. 80 Sprüche von Fußballspielern und Trainern 2. Z. B. gesammelt von www.taschenhirn.de/alles-uber-fussball/beste-fussballer-sprueche
S. 81 WM 1974: Deutschland gegen Deutschland © Deutscher Fußball-Bund (DFB) www.dfb.de/paule und dpa-Custom Content, 2018
S. 82 – 83 Kicken mit den Händen. ZEIT leo (10/2017, S. 62 – 63)
S. 84 – 85 So wird man Fußballtrainer! © Deutscher Fußball-Bund (DFB) www.dfb.de/paule und dpa-Custom Content, 2018
S. 86 Sportarten: Die Top Ten © 2018, IW Medien
S. 87 Warum ist unser Trikot schwarz-weiß? © Deutscher Fußball-Bund (DFB) www.dfb.de/paule und dpa-Custom Content, 2018

Lesetraining

Du kannst deine Lesetechnik durch regelmäßiges Training verbessern. Damit lernst du flüssig und gut zu lesen. Außerdem verstehst du besser, was du liest. Dazu trainierst du deine Augen mit den folgenden Übungen. Du übst dabei, deine Augen sicher über den Text zu bewegen, Buchstaben, Wörter und Sätze schnell zu erkennen und den Inhalt des Textes richtig zu verstehen. Wiederhole jede Übung mehrmals. Viel Spaß dabei!

1. Um die Sätze flüssig lesen zu können, musst du mit deinen Augen hin- und herspringen. Wiederhole die Übung mehrmals und lies laut.

Mein Name ist Ricky. Ich bin nicht besonders gut in Sport. Das war ich auch in der alten Schule nicht. Also, es geht so.

Nicht ganz schlecht, ______________ aber auch nicht gut.
Die meisten Sachen beim Sport machen mir keinen ______ Spaß.
Bodenturnen oder ______________ Bockspringen.
Richtig Spaß macht mir nur eins: ______________ Fußball spielen.
Letzten Monat sind wir ______________ umgezogen.
Wir wohnen jetzt an der ______________ Nordsee.
Mein Vater hat hier eine neue ______________ Arbeit gefunden.
Er ist Ingenieur in einem ______________ großen Hafen.
In der alten Stadt war ich im ______________ Verein.
Und in der ______________ Klassenmannschaft.
Da war ich ______________ Kapitän.
Ich bin Innenverteidiger wie ______________ Boateng.
Immer hatte ich die Nummer ______________ 17 wie er.
Auch in der ______________ Schule.

(aus Kapitel 1, S. 7)

2. Mach noch eine Trainingseinheit mit dem schnellen Augen-Hin-und-Her-Springen. Das steigert weiter deine Leseflüssigkeit.

In der neuen Stadt hab ich noch keinen Verein. Ich will es erst mal in die Klassenmannschaft schaffen.

Das ist gar nicht so ______________________ einfach.
Viele wollen das und viele sind ______________________ super gut.
Der Kapitän unserer Klassenmannschaft heißt ______________ Max.
Der ist auch Innenverteidiger, genau wie ______________ ich.
Bald ist das große Sommer-Turnier mit allen ______________ Schulen der Stadt.
Unser Sportlehrer ist Herr ______________________ König.
Der ist nett und gibt uns viele ______________________ Freiheiten.

(aus Kapitel 1, S. 8)

3. Folge mit deinen Augen den Wellen der Schrift. Lies den Text mehrmals laut.

Das Spiel ist aus. Wir haben 0:4 verloren. Voll peinlich!
In der Kabine versucht Herr König, mir Mut zu machen:
„Manchmal warst du gar nicht so schlecht gegen Leon.
Zweimal hast du ihm im Strafraum den Ball abgenommen.
Aber am Ende war er einfach zu gut.
Seine Kopfballstärke ist ja bekannt.
Solltest du noch mal gegen ihn spielen, musst du besser aufpassen."

(aus Kapitel 4, S. 16/17)

4. Hier ist der untere Teil der Schrift abgeschnitten. Lies den Text zuerst leise, dann mehrmals laut.

Hey" sagt Leon nach dem Match Wir sitzen noch kurz am Spielfeldrand Du hast ja viel mehr drauf als du heute Morgen gezeigt hast Was war denn da los mit dir?"
Obwohl er enorm viel gelaufen ist schwitzt er kaum Und diesmal hat er kein einziges Tor geschossen! Aber ich hab jedes Kopfduell gewonnen Ich hab gar nicht damit gerechnet dass du so hoch springst" meint er Heute Morgen warst du eher wie ein nasser Sack Warst du jetzt etwa gedopt?" Er grinst Nur einmal hat er es geschafft mich zu überdribbeln noch weit weg vom Strafraum Aber ich hab ihn eingeholt und den Ball noch gekriegt
Kein Doping " Ich grinse auch Hab diesmal nur nicht auf die falschen Leute gehört Trinken wir eine Cola?" Wir gehen in Richtung Kiosk Gesund ist das aber nicht" sagt er ernst
Und zu Konrad der unter dem großen Sonnenschirm schon auf uns wartet: Du bist ein echt guter Schiedsrichter "
Konrad wird sofort einen halben Kopf größer

(aus Kapitel 6, S. 22 – 23)

5. **Im Buchstabenrätsel haben sich 14 Begriffe aus der Fußballwelt versteckt, die auch im Buch vorkommen. Finde sie und markiere sie farbig.**

B	M	R	T	D	A	P	S	T	R	A	F	R	A	U	M
D	F	A	E	F	T	O	R	W	A	R	T	E	B	P	M
A	V	O	A	H	O	K	U	E	H	U	L	U	W	R	E
B	Z	E	M	X	R	A	D	O	P	I	N	G	E	O	I
K	O	P	F	B	A	L	L	H	E	F	X	E	H	F	S
U	E	D	R	I	B	B	L	I	N	G	E	E	R	I	T
X	G	E	K	A	P	I	T	Ä	N	F	L	A	N	K	E
I	N	N	E	N	V	E	R	T	E	I	D	I	G	E	R

senkrecht: Team, Pokal, Abwehr, Tor, Profi, Meister

waagrecht: Strafraum, Torwart, Doping, Kopfball, Dribbling, Kapitän, Flanke, Innenverteidiger

6. **Hier musst du die Wortgrenzen erkennen, um den Text flüssig zu lesen. Lies halblaut. Tipp: Fällt es dir schwer, dann markiere die Wortgrenzen mit einem Stift.**

AmnächstenTagistesnichtmehrganzsoheiß.StattandenStrand geheichaufdenBolzplatz.Dalässtessichheutewiederbesseraushalten. VorallemaberwillichLeondorttreffen.IchhabüberseineWorte nachgedachtundmussunbedingtmitihmreden.Hannaistauchda. Alsichkomme,trainierendiebeidenschonzusammen.SiestehtimTor underschießtihrdrauf.SeineSchüssesindsuper,abersiehältgigantisch.

Oder so:

Dannkickeichmit.Leongreiftan.Ichverteidige,Hannahält.Jederspielt dieRolle,dieerauchimrichtigenSpielhat.AlsKonraddazukommt,bleibt erlieberimSchattenundisstseinEis.Wirdreispielensolange,bissogar HannaimTorderSchweißvonderStirntropft.Danachsetzenwiruns indenSchattennebenderWiese.EigentlichwollteichmitLeonallein reden.

Oder lieber so:
LEONERZÄHLT,DASSSEINVATERSCHONMITIHMFUSSBALLGESPIELT HAT,SEITLEONLAUFENKONNTE.ERHÄTTEAUCHGERNETWASANDERES MITIHMGEMACHT.JETZTFREUTSICHLEON,DASSERMITRICKYUND HANNAEINFACHZUMSPASSKICKENKANN.

(aus Kapitel 10, S. 37–39)

7. Hier sind Teile einzelner Wörter ausradiert. Lies den Text zuerst leise, dann mehrmals laut.

Man sieht sofort, wie ernst es Max mit seiner Drohung gegen Leon ist. Seit der Schiedsrichter das Spiel angepfiffen hat, steht er ihm praktisch auf den Füßen. Er beißt sich an ihm fest wie ein wütender Terrier. Wollen seine Mitspieler Leon den Ball zuspielen, ist Max jedes Mal dazwischen. Schließlich geben sie es auf. Max macht das ziemlich gut. Ohne Leon, der keinen Ball mehr bekommt, ist seine Mannschaft nur noch die Hälfte wert. Schon nach fünf Minuten liegen sie 0:2 hinten. Leons Vater schlägt sich die Hand an die Stirn und Herr Vogt guckt kritisch. Die Stimmung bei den Leuten aus meiner Klasse ist super! Am Himmel werden die weißen Wolken langsam grau.

(aus Kapitel 13, S. 47)

8. Satz-Wirrwarr: Lies jeden Satz mehrmals laut. Folge mit deinen Augen genau der Satzrichtung.

Unsere Mannschaft ist mit den Kräften am Ende. Wir müssen hinten dicht machen. Koste es, was es wolle. Wir stehen wie eine Wand.

Dann ein Eckstoß für die anderen. Es sind nur noch ein paar Sekunden.

Alle sind hinten, selbst die Stürmer.

Wir stehen im Strafraum wie die Orgelpfeifen und warten auf den Ball.

Ich sehe ganz genau, wohin der Ball fliegt, sehe es wie in Zeitlupe.

Die Ecke kommt hoch vors Tor.

Ich presche vor, drängel mich zwischen ein paar anderen hindurch.

Er springt hoch, ich auch. So hoch ich kann … und ich erreiche tatsächlich den Ball.

Der Ball kommt genau auf Leon zu.

(aus Kapitel 14, S. 51)